KB260060

예수님 고난 전

To.

From

예수님 고난 전

국악찬양과 판소리를 위한

죠셉 김

지은이

죠셉 킴

필명이 무상으로 알려진 김 박사는 한국 영어교육과 미국 영어교육의 차이를 연구한 교육학 박사와 법학박사이다. 그는 또한 신학과 비교 종교를 연구했다. 그는 강단에서 비교종교와 미국 법 개론을 강의하기도 했고 오랫동안 교회에서 전도사로 일을 하기도 했다. 그는 자원봉사로 선교집회를 비롯하여 전도 집회를 50여 회 이상 인도 했고 많은 저술을 남기기도 했다. 기독교 사회문제 연구소 소장이기도 한 그는 교회는 있는데 성화가 없고, 천국은 있는데 지옥이 없고, 축복은 있는데 책망이 없고, 기도는 있는데 회개가 없고, 신앙은 있는데 행함이 없고, 성화가 없는 사회, 크리스천은 있는데 빛과 소금이 없는 사회, 그리하여 그는 한 그리스도인으로서 사람이 무엇을 하며, 어떻게 살아야 행복할지도 모른 채, '나' 아닌 '너'만을 원망하며, '너'만을 탓하는 사회가 된 것에 대해 스스로도 책임감을 느끼며 성경으로 돌아가는 운동을 하고 있다.

들어가기 전에

　이 작품은 하나님과의 '서원'이 있었으면서도 그 '서원'을 지키지 못하고 살수처럼 세상을 살아왔지만 기적 같은 하나님의 보호하심을 받음으로 생의 황혼 역까지 오게 된 죠셉 김이라는 사람과 그의 가족들이 하나님께 드리는 제사이다.

　또한, 이 작품을 통해 십자가와 영생을 잃고 절망과 비극의 끝으로 연결된 부와 권세와 향락만을 위하여 사는 세상을 향해, 그리고 그리스도의 십자가를 모른 채, 오직 성공이라는 단어에만 집중하여 살아가고 있는 불쌍한 영혼들을 향하여 그리스도의 고난과 십자가를 알게 함으로서 영생의 좁은 문, 좁은 길을 사모하는 마음이 모든 사람들의 마음에서 일어나 하나님을 사랑하고, 이웃을 사랑하며 거저 받은 구속의 은혜를 거저 나누며 살아가는 세상으로 개혁되길 바라는 간절한 호소임과 동시에 인류의 죄를 위해 말없이 짊어지신 예수님 고난에 대한 애절한 소리이다.

–미국에서 죠셉 김 가족

목차

제1부 유월절가 16

제2부 만찬가 30

제3부 겟세마네 기도가 44

제4부 증거 조작가 56

제5부 배반가 62

제6부 불의한 재판가 72

제7부 수난가 90

제8부 마지막 기도가 106

제9부 암흑가 112

제10부 부활가 120

너희가 이 떡을 먹으며
이 잔을 마실 때마다
주의 죽으심을 오실 때까지
전하는 것이니라

고전 11장 26절

유월절가

아니리 하나

이 이야기는 지금으로부터 약 2천 년 전, 저 조그마한 유대 땅에서 일어났던 일이더라. 그러니까 하나님의 아들이라, 선지자라, 구세주라 칭함을 받던 예수라는 사람이 있었는데, 이 이야기는 그 예수님의 죽음과 관련되어 일어났던 일로서, 그가 왜, 어떻게 죽었는지를 설명하는 소리라.

하루는 예수님께서 제자들을 모아 놓고 갑자기 하시는 말, "너희들도 알다시피 앞으로 이틀이 지나면 유월절이니, 그 유월절에 인자가 십자가에 못 박히기 위하여 죄인의 손에 팔리우리라." 하니 이 말을 들은 제자 중 하나가 말하되, "선생님 농담으로도 그런 말씀 마십시오. 스승님이 이 나라를 독립시켜 왕이 되면 저희들은 스승님의 영광중에 앉아 고관대작이 되려고 했는데 갑자기 그런 말씀을 하시니 난감하네요." 다른 제자들도 "예수님 때문에 부자 되고 출세 한번 해 보려고 했는데, 닭 쫓던 개 지붕 쳐다보는 신세가 되겠군!" 하며 속말을 하는지라.

천부께서 이 세상에 인자를 보낸 것은
절망 속에 사는 인생 멸망 받을 이 세상
구원의 불을 밝혀 영생을 주기 위함이라
기적까지 덧입혀서 눈물로도 외쳤는데
제자들 하는 말들 아차 큰일 나겠구나.

수 천 년을 내려오며 이 세상 망쳐놓은
저 놈의 기복신앙 그 신앙 그 사상에
나까지 이용하여 명예 얻고 권력 얻고
부귀 얻을 꿈꿨다니 아 아, 인생 허무하다.

아니리 둘

이에, 다른 제자가 말하길 "아니 선생님 십자가에 못 박힌
다는 말은 무엇이며 죄인의 손에 팔린다는 말은 무엇입니까?
이틀이 지나면 유월절입니다요, 유월절, 그런데 누가 감히 유
월절에 선생님을 판단 말입니까?"

팔린다니 팔린다니 스승님이 팔린다니
그것도 유월절 날 기막힐 일이로세
유월절이 뭔 날인지 알기는 아시는가.

옛날에 애굽 사람 유대인들 노예삼아
짐승처럼 부릴 때에 그때를 생각해봐.

맞아서 울고 힘들어서 울고
아파서 울고 비참해서 울고
눈물로 떴던 해 눈물에 젖어
쓸쓸히 저물던 그때를 생각해봐.

캄캄한 절망에 하루 이틀 일 년 백년
남녀노소 할 것 없이 아이고 아이고.

벽돌 굽는 공장에도 돌을 깨는 공장에도
말 다니는 길가에도 삭막한 들판에도
아이고 아이고 아이고 아이고 아이고.

사막을 울린 눈물 나일 강을 울린 눈물
아이고 아이고 그 눈물 벌써 잊었는가.

남자애가 태어나면 젖 한번 못 물리고
저승사자 눈치 보며 황천길에 내바치고
여자애가 태어나면 젖 떼기가 무서웁게
노예로 끌려가니 아이고 아이고.

이 노릇을 어쩔거나 이 팔자를 어쩔거나
힘이 들어 넘어지면 게으름 피운다고
벼락같이 떨어지는 바로의 채찍질에
등줄기가 쫙 터지고 눈에서 불똥 튀고.

밟으면 밟히면서 때리면 맞으면서
시키면 시킨 대로 살고 죽는 노예의 삶
한 맺힌 탄식 소리 아이 고, 아이 고.

그들의 신음소리 하늘보좌 흔들었나
모세를 불러다가 바로 앞에 보내면서
유대 백성 해방하라 내 백성 보내라고
10가지 재앙으로 애굽 땅을 치게 했지.

장자들을 죽이려고 저승사자 파송할 때
문설주에 양피 발라 애굽 놈과 구별 지어

무탈하게 하신 일 어찌 쉽게 잊을 손가
애급 땅 천지 사방 장자 잃고 내는 소리
곡소리 가득할 때 유대인은 안도의 숨.

밤중에 떠나갈지 날 밝으면 떠나갈지
언제 떠나 갈지 모르는 상태에서도
그 동안 해 온 버릇 그 버릇 못 버리고
이집 저집 찾아가서 투자명목 이자명목
수단 방법 안 가리고 금덩어리 빌려서
낙타 등에 숨길 때 고쟁이 속에 숨길 때
못 본체 눈감아 준 여호와를 잊었느냐.

하나님이 고맙다고 여호와가 고맙다고
잊어서는 안 된다고 지켜졌던 기념일에
여호와의 독생자요 메시야로 오신님을
판다니 왠 말인가 죽인다니 왠 말인가.

죽은 자를 살리던 힘 병든 자를 고치던 힘
귀신을 쫓아낸 힘 성난 파도 꾸짖던 힘
그 능력 반만 써도 누가 주님 손댈까만
그 권능 어디 두고 팔린다니 웬 말이오.

바로 그때에 예수님의 말씀대로 정말 다른 곳에서는 예수를 잡아 죽일 모의를 하고 있는 자들이 있었으니 참으로 기가 찰 노릇이었더라, 성경은 이에 대해 이렇게 기록하고 있었더라. "대 제사장들과 백성의 장로들이 가야바라 하는 대제사장의 아문에 모여 예수를 궤계로 잡아 죽이려고 의논하니"

모였구나 모였구나 제사장들이 모였구나
금수 놓은 비단옷 화려하게 차려입고
십일조로 살찌운 배 홍보석 박은 띠 두르고
머리에 쓴 금두건 바로의 왕관 부럽잖네.

어디 그들뿐이던가 성전에서 회당에서
성경을 가르치는 바리새인 사두개인
백성의 지도자란 랍비님들 관원님들
하나님도 잊었는지 유월절도 잊었는지
은밀하게 함께 모여 속닥속닥, 속닥속닥.

아니리 넷

이들이 주고받는 이야기를 들어보면 더욱 기가 찰 일이었
는디, "아 글쎄 내가 그 예수에게 망신당한 걸 생각하면,…"
"그래 나도 그러네, 어디 감히, 우리 허락도 없이 백성을 가르
쳐." "뭐, 회개하라는 소리는 못 들었어? 아니 우리 같은 의인
이 무슨 죄가 있다고 회개를 외쳐!" "지는 안식일 날 병자까지
고치고서 죽일 놈", "그것뿐인가, 죽은 자까지 살리질 않았는
가, 그것 때문에 백성들이 그를 진짜 선자자로 생각하지 않았
는가. 빨리 그가 없어져야 우리가 마음 놓고 살지."

천국복음 전한 것 회개하라 외친 것이
소금처럼 빛처럼 세상의 본이 되고
추한 욕심 걸러내어 평화롭게 살란 것이
온 몸과 뜻을 다해 하나님을 공경하고
이웃을 네 몸처럼 아끼고 도와주며
살으라고 외친 것이 병자를 고친 것이

문둥병자 고친 것이 하늘 기적 보인 것이
미친 자를 고친 것이 죽은 자를 살린 것이
죄를 짓지 말란 것이 이들의 분노를 일으켰나
질투심에 시기심에 밤새는 줄 모르고
칼날 같은 가슴으로 예수 찌를 공론일세.

아리리 다섯

예수님에게는 12명의 제자가 있었고, 그 중 유독 돈을 좋아
한 가룻유다라 하는 자가 있었더라. 아, 그런데 이놈한테 사
탄이 들어가는지라. 사탄이 들어 제 정신을 잃은 가룻유다, 혼
자 이런 저런 계산을 두드리더니 한 밤중 가만히 바로 이들을
찾아가서 하는 말 "아, 이보시오, 대 제사장님들, 내가 예수를
당신들에게 넘겨주면 얼마를 주겠소?" 이 말을 들은 제사장들
그놈의 얼굴을 쳐다보며, "그래 정말이요, 지금 당장 은 30을
달아 드리지요." 라고 말 하니라. 이에 가룻유다, "그래 그럼
그렇게 합시다."

팔렸도다 팔렸도다 예수님이 팔렸도다
은 30냥에 우리 주님이 팔렸도다
그것도 제자에게, 제자에게 팔렸도다.

그 돈으로 무엇 할지 두고 보면 알겠지만
자나 깨나 쉬지 않고 가르쳐온 인간사

그만큼 배웠으면 깨 칠만도 하였건만
인과 신과 의를 버려 제 스승 배반하니
인생사 참 허무하다 믿을 놈 하나 없네.

인자가 온 것은
섬김을 받으려 함이 아니라
도리어 섬기려 하고
자기 목숨을 많은 사람의
대속물로 주려 함이니라

막 10장 45절

제2부

만찬가

유월절은 모든 유대인들이 지키는 해방의 명절로서 사람들은
이날 가족과 함께 집에 모여 누룩 없는 빵을 굽고, 양을 잡아 그
것들을 먹으면서 그 옛날 자기 조상들이 죄를 너무 지어 벌을 받
아 애굽의 노예 생활을 할 적, 전능하신 하나님이 자기들을 해방
시켜준 사실을 잊지 말고 다시는 죄를 짓지 말자고 다짐하는 날
이었는디, 예수님도 제자들에게 유월절을 지키자 하였더라.

지키기는 지켜야지 유월절을 지켜야지
마음이 괴로워도 지킬 것은 지켜야지
만세 전에 약속이 된 예언을 이루려면
싫어도 지켜야지 아파도 지켜야지.

유월절의 양이 되고 죽어져서 피 흘려야
산자는 죽음 없이 죽은 자는 다시 살아
천국까지 갈수 있는 구속의 법칙 완성되니
그것을 아는 내가 거부할 수 있겠는가.

　예수님은 제자들 몇을 불러, "지금 바로 지체 없이 성내로 내려가면 물동이 이고 가는 사람을 만날 것이다. 그 사람을 가만히 따라서 그 사람이 들어가는 집으로 들어가 그 집 주인에게 '이보시오 주인나리, 우리 스승님 하시는 말씀, 내가 내 제자들과 유월절을 지킬 나의 객실이 어딨느뇨, 하더이다' 라고 해 보거라. 그러면 그 집주인은 '아 그래요 어서 나를 따라 오시오' 하면서 이층에 있는 큰 다락으로 안내할 것이니 그곳에다 우리의 상을 차려 유월절을 지키게 하거라." 하시니라. 이에 예수님의 말씀을 따라 마을로 내려가면서 제자들이 하는 말,

　　　스승님 말씀대로 가기는 가지만은
　　　마을에 내려가면 물동이 이고 가는
　　　그 사람을 만나고 그 사람 따라가면
　　　집주인을 만나고 집주인은 또한
　　　다락방을 내어줄지 궁금해 못살겠네.

혹시 스승께서 우리들도 모른 사이
마을에 내려가서 주인을 만났을까
아니면 이것 또한 하늘 계신 천부께서
주인을 불러놓고 예약금 배로 주며
방 하나 빌렸을까 아무리 생각해도
이해 못할 일이로세 이해를 못할 일이여.

아니리 셋

이렇게 해서 이층 다락에는 예수님과 12 제자들이 모두 모이게 되었는데, 여기서 예수님 혼자 말처럼 "그래 다 모였느냐? 음 다 모였군." 하시더니 느닷없이, 제자들을 쭉 바라보면서,

무슨 말을 하려는지 할까 말까 할까 말까
망설이던 예수님 이윽고 입을 열어 하신말씀
내가 진실로 이르노니 너희 중에 한 사람
나와 함께 먹는 자가 나를 팔리라 하시네.

아니리 넷

깜짝 놀란 제자들이 저마다 돌아가며, "아니 선생님, 그 사람이 누굽니까", "그 사람이 나 입니까?" "그 사람이 나 입니까?" 이에 예수님 다시 말씀하길, "그래 너다" 라며 가룟유다를 가리키자, 가룟유다, 펄쩍 뛰며 하는 말, "아이 스승님은 농담도 잘하십니다, 스승님이 양고기도 아니신데 제가 어디에 스승님을 팔며 누가 이 유월절에 스승님을 산단 말입니까," 이에 예수님 하시는 말, "누군가가 중요한 것이 아니니라, 내 마음이 아픈 것은, 나야 성경대로 왔다가 성경대로 가는 것뿐이지만, 인자를 판 너는 차라리, 차라리, 낳지 아니했으면 좋을 뻔하였도다." 이에 다락방 분위기가 갑자기 잠잠해 지는 지라. 이에 예수님이 방안에 가득 찬 정적을 딛고 일어나서, "자, 자, 다 앉았느냐."

길고 긴 탁자 앞에 제자들 앉혀 놓고
제일 먼저 하신 일 대야에 물을 떠다
허리에 수건 차고 쭈그리고 앉아서

발 씻기를 시작하네. 씻긴 발을 닦아 주네.

화들짝 놀란 제자 두 손을 내 저으며
아닙니다 스승님 아닙니다 스승님
세상의 위계질서 부서지고 깨졌어도
씻는다면 우리가 스승님 발 씻어야지
스승님이 우리 발을 어찌 씻는단 말씀이요.

민망하다 뿌리치고 황송하다 거절하니
예수님 입을 열어 그 이유를 설명하네.

내가 이리 한 것처럼 너희들도 본을 받아
서로서로 섬기어라 겸손하게 섬기 거라
이 교훈을 주기 위해 너희 발을 씻기노라.

그래도 아니 되고 저래도 아니 되니

나의 발은 못 씻어 절대로 못 씻어
다른 발은 몰라도 내 발만은 못 씻어
완강하게 거절하며 버티는 베드로여.

　예수님이 발을 씻는 이유까지 설명을 하셨지만 귀를 딱 틀어막고 발을 뒤로 감추면서 저항을 하는 베드로 앞에 쭈그린 체 베드로를 쳐다보면서 조용하게 예수님이 입을 열어 하시는 말씀 "아야, 베드로야, 베드로야 내가 네 발 못 씻기면 너와 나는 아무 상관이 없느니라." 라고 말씀 하신지라.

　예수님의 그 말씀에 정신 번쩍 들었는지
　아이 고 스승님, 그렇다면 나의 발 뿐 아니라
　내 몸 전체를 모두 씻겨 주옵소서.

베드로의 말을 들은 예수님 "베드로야 예수님 넌 참 욕심도
많구나." 온화한 미소를 지으며 다시 하시는 말씀,

"베드로야 베드로야 욕심 많은 베드로야
이미 목욕 마친 자는 다시 목욕할 필요가 없느니라."

아니리 일곱

이렇게 해서 예수님은 가룟유다를 포함하여 12명의 제자들
의 발 씻기를 마치니라.

그 다음에 하신 일은 준비된 빵을 떼어
이리저리 나눠주며 축복하며 하신 말씀
이 떡은 나의 몸이니 이 떡을 먹는 자는
이 세상 살아갈 때 굶주리지 않으리니
물욕을 다 버리고 가난한 심령으로
평안하게 살지어다 행복하게 살지어다.

　당시 제자들로서는 자기들의 스승님 얘기를 도저히 이해할
수가 없었는디, 그도 그럴 것이 떡을 떼어주면서 그 떡이 예수
님 자신의 살이라고 했었기 때문이었던 것이라. 제자들은 아
무 것도 이해할 수 없었지만 이해 한 것처럼 일단 예수님이 하
시는 대로 하시게 하였던 것이었는디,

　　　그 다음에 하신 일은 포도주를 잔에 담아
　　　나눠주며 하시는 말씀 이 잔은 이내 몸이
　　　많은 사람 위하여서 흘리는 나의 피라
　　　언약의 피 이니라 생명의 피 이니라.

　　　이 잔을 마신 자는 사막을 걸어가도
　　　이 세상 부귀영화 이 세상 존귀 영광에
　　　목마르지 아니하고 영생에 이르리라.

아니리 아홉

이렇게 하여 예수님은 만찬을 마치시고 다락방을 나오신 후
감람산이란 곳으로 가시니라. 이곳에서 제자들에게 하신 말씀
"너희가 다 나를 버리리라. 그러나 내가 살아난 후에 너희보
다 먼저 갈릴리로 갈터이니 그곳에서 보자꾸나." 이 말을 들
은 베드로가 강한 어조로 말하기를,

"아니 스승님, 아까부터 왜 그러십니까
누가 감히 스승님을 배반 한단 말이요
온 세상이 다 버려도 나는 스승님을
버리지 아니할 것입니다."

아니리 열

"그래, 그래 베드로야 말이라도 듣기 좋다. 그러나 네가 오늘 밤 닭이 울기 전에 나를 3번 부인하리라" 그 말을 듣자마자 목청을 돋구어 "베드로가 맹세하길 내가 주와 함께 죽을 지언정 주를 부인하지 않으리라." 하였던 것이라.

제3부

겟세마네 기도가

그날 밤 예수님은 자신의 힘든 죽음을 위한 준비 기도를 하기 위하여 제자 몇 명을 데리고 겟세마네라는 동산에 올라갔는데, 그곳에서 그를 따라온 제자들에게 "이제 곧 내가 죄인에게 팔리어서 죽게 되었으니 내가 저기 가서 기도하고 올 때까지 너희는 여기서 기도하고 있거라." 하시었는디,

저 소리가 뭔 소린가 흐느끼는 저 소리
겟세마네 동산에서 흐느끼는 저 소리
삶 보다 아픈 소리 죽음보다 깊은 소리
산과 들을 울린 소리 천년 바위 눈물짓네.

아바 아바 아버지여 아바 아바 아버지여
무엇이 그리 애통하여 저렇듯 울부짖나
무엇이 저리 간절하여 땅바닥에 엎드렸나
떨어지는 눈물방울 피도 같고 땀도 같고.

“아버지께서는 모든 것이 가능하니
이 잔을 나에게서 옮기시옵소서
지나가게 하옵소서 지나가게 하옵소서.“

그러다가 말을 바꿔 “아닙니다 아닙니다
내 뜻대로 마옵시고 아버지의 원대로만,
아버지의 섭리대로 아버지의 뜻대로만
하시옵소서 하시옵소서.“

이 한 몸이 바쳐져야 이 한 몸 죽어져야
저 불쌍한 인간들이 영생의 길이 생겨
억년 죄 값 탕감 받고 천국에 간다하니
해야지요 해야지요 예정된 일 해야지요.

나를 죽인 이 땅에 생명과일 다시 열면
저들이 따 먹도록 인도하여 주옵시고

내 피 흘린 이 곳에 생명수 솟게 되면
저들이 떠 마셔서 갈증 없게 하옵시고
저들의 생 구석구석 이내 피를 발라서
저승사자 지날 적 손 못 대게 하옵소서.

아니리 들

이렇게, 기도를 하시다가 잠깐 제자들에게 다가온 예수님,
모든 제자들이 예수님이 오신 줄도 모르고 꾸벅 꾸벅 졸고 있
는지라, 긴 한숨 몰아쉬며 예수님 하신 말씀,

이것들아 이것들아 철없는 이것들아
나-를 따라서 죽기까지 한다면서
죽는 것은 고사하고 잠시 잠깐 깨어
날 위해 널 위해 기도도 할 수 없었더냐.

꼴사납게 거기 앉아 여지 것 했던 것이
꾸벅 꾸벅 꾸벅 꾸벅 병아리 모이 쫓듯
아 하 음 아 하 아음 망아지 하품하듯
졸은 것이 전부더냐.

마음은 원이로되 육신이 약하단 걸
내 모른바 아니다만 조금만 정신 차려

기도를 하였으면 하늘이 힘을 주고
하늘이 지혜 내려 걱정 없게 됐을 텐데.

어쩔거나 어쩔거나 이 일을 어이해
앞으로 닥칠 시험 그 시험 버티려면
기도 밖에 없었는데 그 좋은 시간들을
졸음으로 버렸으니 어떻게 너희 혼자
그 시험을 견뎌낼꼬.

인자가 떠나 후에 인생길 걸어가기
인간으로 살아가기 인간처럼 살아가기
영생을 품에 품고 좁은 길 걸어가기
내 제자로 살아가기 쉬운 줄로 알았더냐
전갈이 가득 차고 독사가 우굴 대는
사막을 걷는 것과 똑 같은 것이란다.

　이렇게 약 3번을 동일하게 기도를 하신 후 제자들에게 올 때에 그때도 역시 제자들은 자고 있었으니, 예수님 마음 얼마나 참담하셨을까? 예수님 기척에 정신을 차린 베드로 입가에 묻은 침을 옷소매로 닦으면서 "스승님 언제 오셨습니까? 지금부터 열심히 기도하겠습니다." 이에 예수님 하신 말씀,

> 세상만사에는 때가 있고 시가 있다
> 기도시간 지나갔고 시험의 때 왔으니
> 이제 됐다 이제 됐다 이제 가서 자고 쉬라
> 인자를 파는 자가 가까이에 왔느니라
> 내 때가 다 됐으니 이제 가서 자고 쉬라.

아니리 넷

이때 대 제사사장들과 백성의 장로들이 파송한 자들이 칼을 차고 창을 들고 방패를 입고 망치 들고 왁자지껄 예수님께 다가오니, 아아, 원통하다 이제 예수님이 팔리려나 보구나. 이때 군중 속에서 "랍비여, 안녕하시옵니까?" 라며 예수님께 다가와서 무조건 입을 맞추는 자가 있었으니 그가 바로 가룟유다였던 것이라.

예로부터 입맞춤은 사랑의 표현인데
사랑한 척 입술 꺼내 제 스승 파는 유다
언제 어디서 어떻게 저런 배신 익혔을까.

잡혔구나 잡혔구나 유대인에게 잡혔구나
우리 주님이 잡혔구나 무지한 유대 백성
백정이 짐승 잡듯 주님 양팔을 부여잡고
쇠사슬로 몸을 감네 족쇄로 발을 채워.

아니리 다섯

이에 베드로가 칼을 뽑아, 에이! 하면서 제사장의 종을 향해
휘두르니, 그자의 귀가 땅에 떨어지거늘, 이것을 본 예수님 깜
짝 놀라, 잡힌 팔을 확 뿌리치며 떨어진 귀를 주워 다시 붙여
주면서, 하시는 말씀,

거두어라 거두어라 검을 도로 거두어라
검을 쓰는 자는 검으로 다 망하고
미움을 쓰는 자도 미움으로 다 망하고
분노를 쓰는 자도 분노로 다 망하나니
베드로야 베드로야 검을 도로 거두어라.

내 지금 당장에 아버지께 구하여서
열 두 령이 더 된 하늘 군대 데려다가
사악한 저것들을 멸할 수도 있지만
그렇게 해버리면 성경은 또 어떻게
영생은 또 어떻게 이뤄질 수 있겠느냐.

아니라 여섯

기가 막힌 일은 예수님이 묶임을 당하는 순간 옆에 있던 예
수님의 제자들은 모두 하나 둘씩 뿔뿔이 흩어져 가고 있었다
는 것인디, 그래도 베드로만 먼발치에서 예수님을 바라보고
있었더라.

끌려가네 끌려가네 우리 주님이 끌려가네
포송줄에 꼭꼭 묶여 죄인처럼 끌려가네
도수장에 끌려가는 어린 양처럼 끌려가네.

길가에서 구경꾼들 소리 없이 입을 열어
혀를 차며 하는 말 무슨 죄를 지었다고
무슨 죄를 씌우려고 예수 양반 잡아가나.

어떤 이는 히히 락락 조롱하며 허는 말
내 그럴 줄 알았어 자기가 무슨 통뼈라고
하나님도 못 건드는 제사장 비위 건들어.

"

수 천 년 살아오며 별의 별일 다 당했어도
회개 한번 한적 없는 목이 곧은 대 제사장
목이 곧은 유대인들 그들 눈 밖에 났다면
하늘 인들 무사하고 야훼 인들 무사할까.

잘났으면 잘난 대로 못났으면 못난 대로
고개를 숙이면서 그들의 비위 맞춰야지
시대의 흐름이라 여기면서 흐르는 물처럼
그냥 그렇게 살아야지 전갈 같은 그들에게
회칠한 무덤이라 독사의 자식이라
회개하라 뉘우치라 책망까지 하였으니
아이고 무서워라 여호와인들 온전할까.

이르시되 아빠 아버지여
아버지께는 모든 것이 가능하오니
이 잔을 내게서 옮기시옵소서
그러나 나의 원대로 마시옵고
아버지의 원대로 하옵소서 하시고

막 14장 36절

제4부

증거 조작가

아니리 하나

예수를 잡은 관원들이 예수를 끌고 대 제사장 가야바에게로
데려가니, 거기에는 서기관들 바리새인 그리고 유대의 모든
관원들이 모여 예수를 잡아오기를 기다리고 있었던 곳이더라.
그런데, 예수를 잡아오기는 잡아 왔는데 그를 빌라도에게 고
발할 증거가 하나도 없는지라. 이에 고민 고민 하던 대 제사장
그리고 유대 관원들, 까짓 증거 만들면 되지,

시작한다 시작한다 증거조작을 시작한다
아라 하면 어라 조작 어라 하면 아라 조작
아작 아작 어작 어작 이랬다가 저랬다가
자기들이 물어놓고 자기들이 대답하고
북치고 장고치고 나팔 불고 피리 불고
자기들 대답으로 판결하는 꼴을 보소.

살인을 하였거나 간음을 하였거나
점쟁이를 찾아가서 점을 보았거나

동성 간의 음란행위 아니면 우상숭배
그거라도 있어야 사람 죽일 명분이지
의롭게 살란 것이 어찌하여 죄가 될까.

하나님의 이름으로 잡기는 잡았는데
죽일 죄목 없으니까 우왕 좌왕 우왕 좌왕
서로 얼굴 쳐다 보며 눈만 껌벅 눈만 껌벅.

머리를 짜내어서 온 대가리 굴려가며
만들어낸 죄목보소 '하나님을 모독한 죄'
소가 웃을 일이로세 닭이 웃을 일이로세.

먼 훗날 '인자가 권능자의 우편에
앉았다가 하늘 구름을 집어타고
친히 오는 것을 보리라' 하였다고
참람하다 분노하며 죄라고 선언하네.

자신이 들어봐도 말이 되지 않는 듯
자기의 옷을 찢어 위압감 조성한 뒤
너희 생각에는 어떠하뇨? 묻는 입술
간사하고 간교해 뱀 보다 더 사악해.

그 말 들은 유대관원 백성의 지도자들
언제 박자 맞춰놨나 한 마음 한 소리로
예수가 한 행위는 사형에 해당하니
다른 증거 찾지 말고 십자가로 죽이자네.

성경에도 없는 법 로마에도 없는 법
세상천지 없는 법 즉석에서 만들어
사람을 죽인다니 아이고 무서워라.

어디 그것뿐이던가 두 눈깔 부릅뜨고

우리 주님 얼굴에다 침 뱉고 욕을 하며
주먹질에 발길질에 때리고 비웃으며
선지자 노릇하라 조롱한 건 또 어떻고.

병 고친 것 보겠다며 하늘 기적 보겠다며
동서사방 팔방에서 모여들던 사람들
그 많던 군중들은 모두 다 어디 갔나
외로이 혼자남아 온갖 고초 당하시네.

예수께서 이르시되
가만 두라 너희가 어찌하여
그를 괴롭게 하느냐
그가 내게 좋은 일을 하였느니라

막 14장 6절

제5부

배반가

제5부

아니리 하나

이때 슬금 슬금 가만 가만, 혹시 누가 알아볼까 하여 사람
들 틈에 끼워 대제사장의 집 뜰로 숨어든 이가 있었으니 그가
바로 예수님과 함께 죽기까지 하겠다고 맹세한 베드로였던
것이라. 베드로는 그곳에 있는 모닥불 가에 앉아 불을 쬐고
있었는데,

> 한 때는 예수께서 인자가 누구냐 물을 적
> "주는 그리스도시오 살아계신
> 하나님의 아들 이십니다" 하였다가
> 온갖 칭찬 다 받으며 의시대던 베드로여
> 자진해서 던진 맹세 죽음의 그 맹세를
> 헌 신짝 내 던지듯 어디에 내 던지고
> 무엇이 두려워서 거기 그렇게 앉아 있소.

아니리 둘

바로 이때 한 비자가 베드로한테 나아와 '아니 당신도 갈릴
리사람, 저 예수 사람이 아니오?' 라고 하자, 화들짝 놀라 베
드로 하는 말,

아니라오 아니라오
갈릴리 사람이 아니라오
아니라오 아니라오.
예수 사람이 아니라오.

아니라 셋

자기를 알아보는 사람이 있는 것에 놀라 가만히 자리를 옮겨 앞문까지 나아갔더니, 그러자 이번에는 다른 비자가 나와서 하는 말, '아, 여기 나사렛 예수와 함께 다니던 사람이 있구면.' 라고 말 한지라 이에 베드로 맹세하며 하는 말,

아니 그것이 뭔 말이요
나사렛 예수와 함께 있었다니
분명히 말 하건데 맹세하고 말 하건데
나는 저 사람을 알지를 못한다오.

그러자 이번에는 예수를 모른다고 부인하는 소리를 옆에서
듣고 있던 사람들이 일제히 일어나 하는 말이,

"아니, 너도 그 당 사람이여
나사렛 사람이여 너의 말투 하나하나
목소리 하나하나 예수냄새 흐르는데
떨기는 왜 떨면서 아니라고 거짓말 해."

아니라 다섯

이에, 그 말을 받아 베드로 하는 말씀,

아니라고 하였으면 아닌 줄 알아야지
왜 자꾸 그러는겨 다시 한 번 맹세하고
저주하며 하는 말 나는 정말 예수 모른다니 껴.

인생 참 허무하다 인생 참 허무해
베드로 당신마저 그럴 줄을 알았을까.

이런 일 있을까봐 겟세마네 데려가서
기도하라 기도하라 시험에 들지 않게
깨어서 기도하라 이르고 일렀건만
피곤함 핑계 삼아 꾸벅꾸벅 졸더니
기어이 결국에는 자기 스승을 부인하네.

이런 베드로를 어떻게 미리 아셨을까

말없이 바라보던 우리 주님 눈가에
머루 같은 눈물방울 쓸쓸하게 터지네.

아니라 여섯

　　이때 어디선가 꼬끼오! 꼬끼오! 꼬끼오! 닭 우는 소리가 들리는 지라. 이에 베드로가 자리에서 벌떡 일어나 후다닥 밖으로 뛰어 나가니라.

　　새벽 닭 우는 소리 비수처럼 날아와서
　　베드로의 가슴가슴 갈기갈기 찢었는지
　　소스라친 베드로 땅 바다에 주저앉아
　　대성통곡 하는구나.

　　아이 고 스승님 나의 스승님
　　나를 용서 하소서 겁 많고 비겁한
　　나를 나를 용서하옵소서.

　　인생의 생도 사도 결국은 하나인데
　　무엇이 두려워서 무엇을 얻겠다고
　　신의까지 버렸는지 나도 나를 모르겠소.

하찮은 비자 앞에 그것도 3번이나
맹세까지 쏟아내며 스승님 모른다고
누군지 모른다고 정말 모른다며
저주까지 했던 나를 용서하여주소서.

하나님이
세상을 이처럼 사랑하사
독생자를 주셨으니
이는 그를 믿는 자마다 멸망하지 않고
영생을 얻게 하려 하심이라

요 3장 16절

제6부

불의한 재판가

아니라 하나

당시 유대 나라는 로마의 속국이었음으로 로마의 식민 지배를 받고 있었던 것이었더라. 이에 유대의 지도자들이 예수님이 한 말이나 행적은, 사형에 해당한다고 하면서 정식으로 빌라도에게 예수님을 고발하여 사형을 언도해 달라고 빌라도 법정으로 끌고 오니, 빌라도 하는 말,

그래 이 사람이 무슨 죄를 지었느뇨?
사람을 죽였느냐? 강도짓을 하였느냐?
무슨 죄를 지었다고 오라 줄로 꽁꽁 묶어
여기까지 데려 왔냐?

이에, 얼른 대답을 못하고 더듬더듬 거리다가 대제사장 하
는 말,

사람을 죽여야만 강도짓을 하여야만
죄라는 법이 어디 있소 여기 이 사람은
살인은 안했어도 강도짓은 안 했어도
하나님을 모독 했소 성전을 모독했소.

아니리 셋

이에, 빌라도 대제사장을 비웃듯이 하는 말,

거참 이상하다 하나님을 모독해?
이 사람이 바로 하나님을 위해서 산
누구보다 의로운 하나님 사람이 아니더냐?
백성들이 믿고 따르는 하나님 사람이 아니더냐.
그런데 이 사람이 하나님을 모독해?

어디서 누구에게 하나님을 모독했나
증거를 가져오라 증거를 가져와.

대제사장 무슨 아이디어라도 생각난 듯 입가에 미소를 내
뿜으며 하는 말,

증거라면 걱정말소
나도 증인 너도 증인
여기에 모인 사람
모두가 다 증인이요.

아니리 다섯

이에 총독하시는 말, 그래 너희가 증인이다. 그럼 이 사람
이 하나님을 때렸겠고 너희가 그것을 보았겠구나. 아니면 이
사람이 하나님을 죽였겠고, 너희가 그것을 보았겠구나, 그것
도 아니라면 이 사람이 하나님께 욕이라도 했느뇨? 어디서
어떻게 이 사람이 하나님을 모독 했었는지 설명 한번 해 보
아라.

오늘 따라 왜 이래 이놈의 총독이
우리를 믿어야지 설명은 무슨 설명
이까짓 사람 하나 죽여 달라 한 것 갖고
증거를 달라하니 정말 정말 너무하네.

글쎄 이 사람이 방금 전에도 우리더러
자기가 하나님의 아들이라 하더이다
자기가 우리더러 하나님 우편에 앉았다가
구름타고 오는 것을 보리라고 하더이다

여기 있는 모든 사람 그 말 다 들었으니
여기 있는 사람 모두 다 증인이요.

아니라 여섯

아, 그러니까 이 사람이 하나님을 죽인 것도 아니요, 때린
것도 아니요, 욕한 것도 아닌가 보구나.

이상한 죄도 있네 신기한 죄도 있어
하나님의 아들이라 하나님의 우편에
앉았다가 오는 것을 보리라 한 것이
어떻게 죄가 되나 어떻게 죄가 되어
죄명도 잘도 짓네 죄명도 잘도 지어.

아니리 일곱

  계속해서 총독 하시는 말씀, "이 보시오 대제사장 그럼 이 사람을 체포할 때는 어떤 죄를 지었었소. 혹시 이 사람을 아무런 죄도 없이 잡아 놓고 맞추기를 하는 것은 아니요? 만일 이 사람을 당신들이 체포할 때 뚜렷한 죄도, 죄에 대한 증거도 없었다고 한다면 이것은 매우 심각한 인권유린에 해당되는데 그것은 알고 계시오?"

  예수님을 체포하고 감금한 것이 로마의 법으로 예수님에 대한 인권유린에 해당한다는 말에 잔뜩 열을 받으며 대제사장 하는 말,

　　이 보세요 총독 어른 우리의 법으로는
　　하나님을 모독하면 사형 죄에 해당하니
　　다른 증거를 찾지 말고 우리를 증거삼아
　　일단 그를 죽이시오.

아니라 여덟

이에, 총독도 열을 받으며, 하시는 말,

에이 이보시게 이 사람이 한 일이란
하나님의 아들이라 하늘보좌 앉았다가
구름타고 오는 것을 그대들의 눈으로
보리라 한 것이 전부라 하지 않았는가?

죽인 것도 아니요 욕한 것도 아니요
때린 것도 아닌데 모독은 무슨 모독
억지도 유분수지 생사람 잡아놓고
무조건 죽이라니 그런 법도 있다더냐.

너희가 말한 그 법 율법에 있었더냐.
구전으로 내려오던 유전에 있었더냐
나도 너희 법을 알 많큼 안다 만은
너희가 말하는 법 오늘 처음 듣는구나.

이에, 당황해진 대제사장.

    죄가 별거 있소 율법에 없었어도
    성경에 없었어도 악이 선이 되고
    선이 악이 되고 그것이 바로 세상사
    그것이 정치이고 그것이 민심이요
    그러니 총독께선 선과 악을 분별 말고
    일단 내말 들으시오 무조건 죽이시오.

    이 사람을 살려두면 죄 없다고 살려두면
    저 많은 백성들이 가만히 있을 것 같소.
    이 사람이 죽어져서 우리에게 기쁨 되면
    그것이 바로 우리에겐 선과 법이 아니겠소.

이에, 총독이 "그럼 너희들이 너희가 지금 만든 법에 따라 너희 자신들이 저 사람을 죽이면 될 터인데 왜 나에게 데려와서 죽여 달라 하느냐. 내가 너희들의 살수라도 된다더냐?" 이에 유대인들 하는 말이,

우리에게는 사람을 죽일 사형권이 없습니다.
우리에겐 사람을 죽일 사형권이 없습니다.

　이에, 총독이 목소리를 높여 하시는 말씀, 너희에게도 이 사람을 죽일 법이 없고 로마에도 이 사람을 죽일 법이 없으니 어떻게 할까? 그렇지, 풀어주면 되겠구먼. 지금이 마침 명절이니, 명절마다 죄인하나를 풀어줄 사면권이 나에게 있으니 나의 사면권이라도 이용하여 이 사람을 풀어줘야 되겠구나. 바로 이런 억울한 사람을 위해 사면권을 쓰는 것 아니겠느냐.

아니리 열둘

총독이 예수를 사면시켜 버리겠다는 말에 놀란 대제사장 관
중을 선동하며.

이보시오 총독어른 아직도 모르겠소
내 말뜻을 모르겠소 죄가 있고 없고
잘못이 있고 없고 저 사람이 죽어야만
우리 기분 좋아지고 당신도 여기남아
총독을 할 터이니 무조건 죽이시오.

사람이 악하다고 저렇게 악 할 손가
늑대보다 악하고 이리보다 악한 이들
피에 굶주렸나 살인에 목이 말랐나
내지르는 소리소리 참으로 기가 막혀.

"십자가에 못 박으시오 못 박으시오"
"십자가에 못 박으시오 못 박으시오"

대 제사장 유대 관원 백성의 지도자들
혼연일체 되어서 외쳐대는 살인구호
빌라도의 법정을 지진처럼 뒤흔드네.

이에 총독 입을 열어 어찜이뇨 어찜이뇨
선한 이 사람이 무슨 죄를 지었다고
십자가에 죽이라니 뒷감당은 누가하며
그 책임은 어떻게 져 이해 할 수 없구나.

아니리 열셋

　　이에 유대인들 하는 말, 지금껏 우리가 말하지 않았소이까,
"그 책임을 우리와 우리 자손에게 돌린다고 하지 않았소이까.
당신은 염려 말고 죽이기나 하십시오. 죽이기나 하십시오."
라고 소리소리 지른지라. 이에 민란이 날까 두려운 총독, 대야
에 물을 가져오라 명한 후 부하가 물을 가져오자. 그 물에 손
을 씻으며.

　　　나는 나는 저 무죄한 피와 무관하니
　　　너희가 말한 대로 그 피에 대한 값을
　　　너와 너희 자손들이 대대손손 치를지라.

빌라도는 계속해서 예수님께 하는 말,

아무리 애를 써도 아무리 노력해도
살릴 수가 없으니 도울 수가 없으니
어찌할까, 어찌할까.

이보시오 예수양반 의로우신 예수양반
유대인의 질투심을 유대인의 시기심을
내 모른 바 아니거늘 민란을 일으키려
군중을 선동하니 낸들 이제 어쩌겠소.

내 아내도 어제 밤에 의로운 당신 꿈을 꾸고
몹시 괴로워 했었다고 도와주라는 기별 보냈길래
가능하면 풀어주려 이것저것 했었지만
간악한 대제사장 군중을 끌고나와
폭동을 일으킨다 겁을 주고 협박하니
나도 더 이상은 어쩔 수가 없는 구려.

영접하는 자
곧 그 이름을 믿는 자들에게는
하나님의 자녀가 되는
권세를 주셨으니

요 1장 12절

제7부

수
난
가

아니라 하나

이렇게 해서 빌라도는 유대인들의 요구대로 예수를 십자가
에 못 박히도록 넘겨주게 되었으니,

이보시오 총독나리 아무리 민란이 두렵다고
제대로 된 재판 없이 사형이 왠 말이요.

이에, 군사들이 예수를 데리고 관정 안으로 들어가니 그 곳
에는 많은 사람들이 예수를 조롱하기 위하여 모여 있었더라,

군중들 달려들어 벌떼처럼 달려들어
강제로 옷 벗기고 홍포를 입히더니
언제 가시 주웠는지 면류관 만들어서
머리에 씌어놓고 오른 손에다가는
갈대를 쥐어주며 '유대인의 왕이여
하나님 아들이여' 아 하하하 아 하하.

어떤 이는 그 앞에서 두 무릎을 꿇고서
천세 천세 만 만세 유대인의 왕 만세.
어떤 이는 침을 뱉고 갈대를 빼앗아서
예수님 머리 후려치며 '뭐- 하나님 아들'

잔치 났네, 잔치 났어 남녀노소 할 것 없이

지위고하 할 것 없이 어디서 다 몰려왔나
도깨비 잔치 하듯 이리 뛰고 저리 뛰며
으싸 으싸 아싸 아싸 탱고에 쌈바 춤에
허리 굽혀 웃는 모습 배꼽잡고 웃는 모습
악인이 따로 없네. 우 하하하 우 하하하.

예끼 이 사람들아 무고한 사람 죽이면서
춤이라니 왠 말인가, 희롱이 왠 말인가.

이렇게 몇 시간 동안 예수 조롱하기를 다한 후 홍포를 벗기
고 다시 그의 옷을 입힌지라. 그리고 예수를 십자가에 못 박으
로 끌고 가니라,

가네 가네 우리 주님 십자가에 못 박히려
비틀 비틀 끌려가네 십자가를 등에 지고
돌 자갈이 깔려있는 갈보리 길 비탈진 길
가시밭 길 험한 길 골고다를 향하여서
오르시는 님이시여 오르시는 나의 주여.

이 세상의 모든 죄악 세상의 모든 질고
이 세상의 모든 불행 양 어깨에 들쳐 메고
처벅 처벅 발 옮기는 우리 주님 우리 주님.

이리 비틀 저리 비틀 힘이 없어 넘어지면
로마 병정 채찍소리 이내 가슴 찢는구나.

발-바닥이 벗겨지고 등줄기가 터지고
생 살점 떨어지고 땀이 나고 피가 나도
묵묵히 올라가는 나의 주님 나의 주님.

그 언덕을 올라올라 갈보리 산에 다 달아야
십자가에 죽어야만 우리 죄가 소멸 되고
우리 죄 값 치러져야 천국에 갈수 있다면서
우리가 장차 밟아갈 길 영생의 길 만드시러
우리 주님 올라가네 골고다 언덕을 올라가

요단강을 건널 다리 천국 갈 때 건널 다리
생명 다리를 만드시러 우리 주님 올라가네.

아니리 넷

예수님이 십자가의 무게를 견디지 못 하고 넘어져서 일어나
지 못한지라, 채찍을 내리쳐도 일어나지 못하고, 일으켜 세워
도 다리에 힘이 없어 다시 주저앉은 예수님, 이에 예수님을 끌
고 가던 병사들이 옆에 지나가던 구레네 시몬이란 자를 잡아
대신 십자가를 지워 골고다까지 가게 하니라.

들려오네 들려오네 망치 소리 들려오네
쾅 쾅 쾅 툭 툭 툭 십자가 위에다가
우리 주님 눕혀놓고 손과 발에 대 못 박네
쿵 쾅쾅 쿵 쾅쾅쾅 산채로 못을 박네.

살을 뚫고 뼈를 뚫고 그 못이 박일 적에
얼마나 아팠을까 얼마나 아팠을까
너무 아파 그랬을까 비명 한번 안 지르고
어떻게 참았을까 그 고통 그 아픔을.

아니리 다섯

이렇게 못을 박아 예수님을 붙여놓은 십자가를 올려 세우
니라.

일어난다 일어난다 십자가가 일어난다
주님이 못이 박힌 십자가가 일어난다
십자가 양쪽 어깨 온갖 죄악 주렁 달고
천만근 무게 되어 십자가가 일어난다.

아담 타고 들어온 죄 가인 통해 들어온 죄
홍해를 건너면서 광야 길 지나면서
애굽을 탈출할 때 가나안을 침략할 때
이방인과 싸울 때 기쁠 때 슬플 때
행복할 때 불행할 때 생긴 죄 만든 죄
업으로 쌓여 쌓여 천 년 만 년 내려온 죄.

내가 지은 살인죄 내가 지은 독성 죄

내가 지은 간음죄 내가 지은 사기 죄
선악과를 따 먹은 죄 예쁘다고 만진 죄
남의 것을 탐낸 죄 악마와 동침한 죄
양심을 버린 죄 부귀영화 탐을 낸 죄
하나님을 잊은 죄 하나님을 속인 죄
떡 밖에 몰랐던 죄 하나님을 시험한 죄
죄, 죄를 짊어지고 십자가가 일어난다.

무거워서 힘이 들어 어금니 앙다문 채
괴롭고 아파서 몸 비트는 예수님
쓸개 탄 포도주를 마시게도 하지만
고개 돌려 거절하고 고통을 참고 있네.

머리에는 가시관 죄 패에는 유대인 왕
너와 나의 모든 인고 얼굴에 모였는지
일그러진 그 형상 눈을 뜨고 못 보겠네.

언제 올라 왔나 대제사장 서기관

바리세인 유대 장로 피비린내 나는 동산

십자가 세워진 곳 거기까지 따라와서

마지막 순간까지 우리 주님을 조롱하네.

“유대인의 왕이여, 하나님의 아들이여” “십자가서 내려오
라 그러면 믿겠노라“ “하나님을 신뢰하니, 하나님이 기뻐하
면 이제 구원 하실지라. 너도 역시 말하기를 하나님의 아들이
라 하지 않았느뇨,”

짐승인가 사람인가 모든 이유 다 접어도
생사람 죽이면서 죽어가는 사람 앞에
미안함은 없다 해도 조롱이 왠 말이여
양심이 화인 맞은 철면피가 따로 없네.

아니리 일곱

　예수님이 고통에 이리저리 꿈틀대고 있을 때 그 모습을 보
기 민망해서 그랬는지 아니면 빨리 일을 끝내고 집에 돌아가
고 싶어서 그랬는지 옆에 있던 로마 병정이 창을 들어 예수님
의 옆구리를 푹-욱 찔러대는지라,

　　쏟아지네 쏟아지네 물과 피가 쏟아지네
　　갈보리길 올라올 때 흐르고 남은 마지막 피
　　십자에 매달려서 모두 모두 쏟는구나.

예수님을 조롱하는 것은 비단 이들 뿐이 아니었더라. 이때
마침 강도 둘이 예수님과 같이 십자가에 매 달려 졌는데 그 둘
중 하나도 이들을 따라서 예수를 조롱하였는 디, 이에 이 모습
을 본 다른 강도가 그 강도를 향하여 하는 말이,

너와 나는 강도질로 살았으니 죽는 것이 마땅해도
옆에 있는 저 분이 무슨 죄를 지었다고 너까지 그러느냐
우리가 강도질로 남의 것을 뺏을 때에
온 유대에 퍼진 소문 들어보지 못했느냐?

가난한자 병이든 자 억울하게 맞은 자
절름발이 귀머거리 죽은 자까지 살려낸
저분 의를 생각하면 나도 미안 하구나.

아니라 아홉

그러면서 그 강도는 또 예수님을 바라보며,

이 보시오 의로운 분 얼마나 힘이드오
남의 것을 뺏으면서 거칠게 산 우리들도
십자가에 달리기가 이렇게 힘이 든데
손과 발에 대 못 박혀 창까지 찔렸으니
얼마나 힘이 드오 얼마나 힘이 들어.

당신나라 이르실 때 나를, 나를 기억해줘
하나님의 아들이여 나사렛 예수여.

이에, 예수님 힘이 없어 중얼 거리듯이 하시는 말씀,

너와 내가 오늘 밤 낙원에 이르리라,
너와 내가 오늘 밤 낙원에 이르리라.

예수께서 이르시되
내가 진실로 네게 이르노니
오늘 네가 나와 함께
낙원에 있으리라 하시니라

눅 23장 43절

제8부

마지막 기도가

아니라 하나

드디어, 옆구리에 창까지 찔려 물과 피를 모두 쏟고 마지막 운명을 앞에 두고 있을 때, 갑자기 온 땅에 어두움이 임하여 9시까지 계속되니 사람들이 두려워서 벌벌 벌 떨었더라. 예수님이 크게 소리 질러 기도를 하셨는데, 그때 한 기도가,

엘리 엘리 라마 사박다니,
엘리 엘리 라마 사박다니.

이 말을 번역하면,

아버지여 아버지여
하나님 아버지여
어찌하여 어찌하여
나를 버리셨나이까.

아니리 둘

  예수님의 마지막 소리에 놀란 한 사람이 깜짝 놀라 달려가
서 시디신 포도주를 갈대에 끼워 마시게 하려 하거늘, 옆에 있
던 사람이 말리면서 "가만 두어라 엘리야가 내려와서 저를 구
원한가 보자 하더라."

아버지여 아버지여
저들의 죄를 용서하고
용서하여 주옵소서
저들이 행한 죄
모르고 하였으니
용서하여 주옵소서.

용서라니 왠 말인가 용서라니 왠 말이여
자기를 찌른 자들 자기를 죽인 자들
그 원수들 위하여 기도라니 왠 말이여
인간으로 못할 용서 죄송하여 못 듣겠네.

아니리 셋

예수님은 또 군중 속에 숨어있는 요한을 불러 이르기를,

요한아 요한아 내 엄마를 부탁 한다
너의 친 엄마처럼 잘 보살펴 주라꾸나.

아리랑 넷

이렇게 마지막 유언을 남긴 예수님,

이루었다 이루었다
다 이루었다
기도하고 잠이 드네
영원히 잠이 드네.

하늘영화 다 버리고 이 땅위에 오시어서
집도 없이 쉼도 없이, 못 먹고 못 입고
온갖 멸시 다 당하고 그렇게 살으셨네.

그 누구도 못 지는 짐, 너와 나의 죄의 짐
무거운 죄의 짐을 외로이 홀로 지시고서
성경대로 가시었네 고마우신 우리 주님.

예수께서 큰 소리로 불러 이르시되
아버지 내 영혼을
아버지 손에 부탁하나이다 하고
이 말씀을 하신 후 숨지시니라

눅 23장 46절

제9부

암흑가

아니리 하나

예수님이 운명하시자, 갑자기 우르르 쾅쾅쾅! 우르르 쾅쾅
쾅! 천둥치고 땅이 흔들흔들, 무슨 핵전쟁이 일어난 것처럼,
캄캄한 어둠이 내리고, 바위가 터지고 성소 휘장이 둘로 갈라
진지라,

우르르르 쾅쾅! 우르르르 쾅쾅! 광!

하늘이 요동치고 온 땅이 진동하고
분노한 산천초목 부르르 몸을 떨고
하늘의 천둥번개 삼킬 듯이 울어대니
아이고 무서워라 아이고 무서워.

어떤 이는 그것 보며

"진실로 저 분은
하나님 아들이었도다."

무덤들이 열리고 죽은 성도 부활하여
생명의 길 열렸는지 거룩한 성에 들어가니
그것을 보던 이들 두려워서 벌벌 떠네.

백부장도 벌벌 떨고 십 부장도 벌벌 떨고
예수를 죽인 이들 예수를 죽여 놓고
좋아서 춤춘 이들 죽은 예수 지킨 이들
벌벌 떨고 있네, 무서워서 떨고 있네
떨면서 도망 하네 혼비백산 갈보리길.

무섭고 겁에 질려 걸음아 날 살려라
넘어지고 일어나고 정신없이 도망하는
사람들로 가득 찬 갈보리 길 먼지보소.

아니리 둘

천지 사방이 천둥과 번개로 울고 갑자기 갈보리가 두려움의
도가니로 변하고 예수 십자가를 조롱하며 즐기고 있던 사람들
이 저승사자에게 쫓기듯 우르르르 우르르르 아우성치며 떠나
가고 있을 때,

십자가에 달린 채로 갈보리에 있는 예수
보시는지 못 보시는지 한 마디 말도 없고
옆구리의 창 자국 손과 발에 박힌 대못
피에 젖은 십자가가 너무나 처참하여
차마 눈을 뜨고 바라 볼 수가 없네.

어찌 할고 어찌 할고 불쌍한 우리 주님
이제라도 누군가가 주님 시체 고이 내려
손에서 못을 빼고 발목에서 못을 빼고
십자가를 떼어내어 깨끗하게 염을 하고
장사라도 지냈으면 장사라도 지냈으면.

평소에 뒤 따르던 7천명 5천명 4천명
그들 모두 어디 갔나 제자 모두 어디 갔나
광야에서 떡을 줄 때 죽은 자를 살릴 적에
누구에게 뒤질세라 예수님을 따른다고
다짐 다짐 하더 건만 지금은 어이하여
한 사람도 안 보일까.

아니라 셋

그런데, 거기에는 아리마대 요셉이라는 사람이 있었더라.
그는 평소 예수에 대한 많은 이야기를 듣고 있었는데, 예수가
죽자, 갑자기 빌라도를 찾아 가니라.

아리마대 요셉이 빌라도를 찾아가서
예수시체 가져다가 세마포로 고이 싸서
자기가 죽었을 때 묻히려고 준비해준
깨끗한 돌무덤에 예수님을 안장하네
고맙고 용감한 아리마대 요셉.

장사지낸 그 날은 유대인의 안식일
안식일의 의미를 아는지 모르는지
예수님을 죽여 놓고 안식일을 지킨다며
주접떠는 대제사장 주접떠는 유대인
안식일의 주인이신 주님가고 없는 세상
안식이 어디 있고 평안이 어디 있다고.

구세주로 오신이가 이 세상 만든 이가
무덤 속에 들어있고 온 세상이 캄캄한
어둠과 절망뿐이건만 안식이 있을 손가.

예수께서 이르시되
나는 부활이요 생명이니
나를 믿는 자는 죽어도 살겠고
무릇 살아서 나를 믿는 자는
영원히 죽지 아니하리니
이것을 네가 믿느냐

요 11장 25-26절

제11부

부활가

아니리 하나

안식 후 첫날, 그때에야 정신이 든 예수님의 몇몇 제자 그리
고 막달라 마리아와 다른 마리아가 예수님 무덤 찾아와서 예
수님 몸에 향품이라도 바르려고 하였더라.

조심조심 조마조마 예수님 무덤 다가오니
봉한 무덤 열렸는데 예수님 시체 안 보이네
이리 기웃 저리 기웃 둘러보고 찾아봐도
아무 것도 안 보이니 이 어찌 된 일인가!

아니리 들

이 때, 흰 옷을 입은 두 천사가 마리아에게 말하기를 "너희
들은 여기서 무엇을 찾고 있느뇨?"

아니리 셋

이에, 마리아 대답하여 이르기를,

우리가 찾는 것은 여기 묻힌 우리 주님
혹시라도 당신들이 다른 데로 옮겼으면
말씀하여 주옵시고 우리들의 애 간장
그만 타게 하옵소서.

아니리 넷

이에, 천사 하는 말씀,

이것들아 이것들아 어리석은 이것들아
죽은 자 가운데서 산 자를 찾으려는
믿음 없는 이것들아 아니 벌써 잊었느냐
평소 그 분이 하신 말씀.

인자가 죽더라도 3일 만에 살아나서
너희보다 먼저 갈릴리로 갈 터이니
다시 또 만나려면 갈릴리로 나오너라.

이 안을 한번 둘러보라 그 분이 계시던 곳
그 분이 입던 수의 고이 놓여 있잖느냐
어찌하여 너희들은 평소에 그가 하신말씀
어느새 다 잊고서 빈 무덤을 기웃 대뇨?

아리리 다섯

이에, 여인들이 한걸음에 갈릴리로 달려가는데, 아 글쎄 그
들 앞을 가로막고 서 있는 이가 있었으니 그 분이 바로 예수님
이었던 것이라. 감짝 놀란 나머지 멍하니 서 있다가 정신을 차
리고 너무나 반가워 울음을 터드리며 땅 바닥에 엎드리어 하
는 말,

아이 고 예수님 정말 살아나셨군요
아이 고 반가워라 정말 살아나셨군요
돌무덤 문을 확 열고서 정말 살아나셨군요
결국은 사망권세를 이기고 이기셨군요.

아니리 여섯

바로 그때, 아, 하늘이 환하게 열리면서 구름 사이로 휘황찬
란한 천국 문이 활 짝 열린 것과 그 앞에 천국 문으로 연결된
다리가 놓여있는 것이 보이는지라,

열렸구나 열렸구나 천국 문이 열렸구나
(덩실 덩실 춤을 추며)
일천 만년 닫혀있던 낙원의 문 열렸구나.

놓였구나 놓였구나 영생다리 놓였구나
천국까지 연결된 영생다리가 놓였구나
그 누가 만들었나 저 소중한 영생다리
광채 나는 저 다리 아름다운 저 다리.

그 다리가 없어서 문 앞 한번 못가 보고
천국 문 좀 열어 달라 부탁 한번 못해 보고
세상 부귀의 노예 되어 짐승처럼 살던 나날

하나님이 계신 천성 잊고 살던 긴긴 세월
죽음에 갇히어서 희망 없이 보낸 세월.

천국문도 열리었고 영생다리 놓였으니
어-얼씨구 좋구나 저 얼씨구 참 좋구나
어디 한번 걸어보세 어디 한번 뛰어보세
낙원을 향하여서 영생 다리 걸어보세.

자세히 바라보니 그 다리는 우리 주님
갈보리서 쏟은 눈물 골고다서 쏟은 피땀
못자국도 선명하고, 창자국도 선명하고
십자가 짊어진 채 스스로 드러누워
천국을 연결하는 길이 되고 다리 됐나.

주님을 밟아야만 갈수 있는 하늘나라
막상 주님 밟으려니 눈물이 앞을 막네

황송해서 터진 눈물 감사해서 터진 눈물.

언제 묻었을까 무엇을 할 때 묻었을까
똥으로 범벅되고, 죄악으로 뒤범벅 된
악취 나는 나의 발 악취 나는 나의 인생
세상에 더럽다고 저렇게 더러울까
세상에 역겹다고 저렇게 역겨울까.

아이 고 어찌할까 이 일을 어찌해
더럽고 추한 발로 악취 나는 그 발로
주님의 몸 밟아야만 주님 고난 밟아야만
십자가 밟고 가야 영생다리 밟고 가야
발에 묻은 모두 죄악 몸에 묻은 죄악
모두 모두 씻어지고 천국에 간다하니.

이 땅위에 계실 때에 길이라고 하시던 말

진리라고 하시던 말 생명이라 하시던 말
자신을 밟아야만 천국 간다 하시던 말
다른 길로 돌아가면 강도라고 하시던 말
이제야 알 것 같네 그 이유를 알 것 같아.

아니리 일곱

그렇게 만들어진 길과 그렇게 열리게 된 천국 문이었고 수
많은 신앙의 선조들이 그 길을 가기 위해, 그 낙원으로 들어가
기 위해, 순례자의 삶을 살게 되었던 것 이었더라. 그러나 이
상하게도 그 길옆에 돈 꽃이 피게 되었고 순례자의 삶을 살던
신앙인들이 그 돈 꽃에 현혹되어 점점 천성을 향해 가던 길에
서 이탈하는 이탈자가 나오기 시작했다는 디,

오늘은 우릴 보며 웃으실까 울으실까?
우리 삶에 따라 웃고 울을 우리 주님.

오늘도 우리 주님 다리 되어 누웠는데
어이하여 그 다리엔 걷는 이 거의 없고
찬란하게 비치던 빛 퇴색되어 가는구나.

젊은이는 젊었다고 늙은이는 늙었다고
무엇 더 얻겠다고 얼마나 죄 더 짓겠다고

소돔성을 향하여서 앞 다투며 달려갈까
고모라를 향하여서 앞 다투어 달려갈까.

여호와는 변함없이 천국 문을 활짝 열고
낮과 밤 안 가리고 기다리고 계시는데
주님 주님 하면서도 천성 문 뒤로한 채.

스스로 노예 되어 돈과 향락에 중독되어
너도 팔고 나도 팔고, 야훼까지 모두 팔고
어둠 속을 헤매이는 나의 일상 너의 일상.

**예수님
고난 전**

초 판 발 행 일 | 2016년 3월 20일

지 은 이 | 죠셉김
펴 낸 이 | 배수현
디 자 인 | 박수정
제   작 | 송재호

펴 낸 곳 | 가나북스 www.gnbooks.co.kr
출 판 등 록 | 제393-2009-000012호
전   화 | 031) 408-8811(代)
팩   스 | 031) 501-8811

I S B N | 979-11-86562-23-9